BEI GRIN MACHT SICH IHR WISSEN BEZAHLT

AF144552

- Wir veröffentlichen Ihre Hausarbeit, Bachelor- und Masterarbeit

- Ihr eigenes eBook und Buch - weltweit in allen wichtigen Shops

- Verdienen Sie an jedem Verkauf

Jetzt bei www.GRIN.com hochladen und kostenlos publizieren

Bibliografische Information der Deutschen Nationalbibliothek:

Die Deutsche Bibliothek verzeichnet diese Publikation in der Deutschen National-
bibliografie; detaillierte bibliografische Daten sind im Internet über http://dnb.d-
nb.de/ abrufbar.

Dieses Werk sowie alle darin enthaltenen einzelnen Beiträge und Abbildungen
sind urheberrechtlich geschützt. Jede Verwertung, die nicht ausdrücklich vom
Urheberrechtsschutz zugelassen ist, bedarf der vorherigen Zustimmung des Verla-
ges. Das gilt insbesondere für Vervielfältigungen, Bearbeitungen, Übersetzungen,
Mikroverfilmungen, Auswertungen durch Datenbanken und für die Einspeicherung
und Verarbeitung in elektronische Systeme. Alle Rechte, auch die des auszugsweisen
Nachdrucks, der fotomechanischen Wiedergabe (einschließlich Mikrokopie) sowie
der Auswertung durch Datenbanken oder ähnliche Einrichtungen, vorbehalten.

Impressum:

Copyright © 2011 GRIN Verlag, Open Publishing GmbH
Druck und Bindung: Books on Demand GmbH, Norderstedt Germany
ISBN: 9783640955909

Dieses Buch bei GRIN:

http://www.grin.com/de/e-book/174260/unterrichtsstunde-der-blinde-bartimaeus-
klasse-1-2

J. Kumm

Unterrichtsstunde: Der blinde Bartimäus, Klasse 1/2

Religion Wundergeschichten

GRIN Verlag

GRIN - Your knowledge has value

Der GRIN Verlag publiziert seit 1998 wissenschaftliche Arbeiten von Studenten, Hochschullehrern und anderen Akademikern als eBook und gedrucktes Buch. Die Verlagswebsite www.grin.com ist die ideale Plattform zur Veröffentlichung von Hausarbeiten, Abschlussarbeiten, wissenschaftlichen Aufsätzen, Dissertationen und Fachbüchern.

Besuchen Sie uns im Internet:

http://www.grin.com/

http://www.facebook.com/grincom

http://www.twitter.com/grin_com

Schriftlicher Unterrichtsentwurf

Der blinde Bartimäus

Inhaltsverzeichnis

1. Sachanalyse

Die meisten Wunder im Neuen Testament sind Heilungswunder. Im Vordergrund steht Jesu Hilfe für die Menschen in Not, so auch beim der Erzählung des blinden Bartimäus. Wunder werden so zum Zeichen, dass mit Jesus das Reich Gottes begonnen hat.

Die Erzählung des blinden Bartimäus verdeutlicht in typischerweise die Lehre Jesu, indem er den Armen und Geächteten das Reich Gottes zuspricht. Diese Menschen stehen vor Gott an erster Stelle. Im Reich Gottes stehen ungewöhnliche Sichtweisen, die sich mit den gängigen Meinungen widersprechen. Es wird von einer Hoffnung geredet, die alles verändert und die mit Jesus und seinen Heilungen begonnen hat. Mit ihm wird Gott wirklich und fassbar und Jesus träumt davon, dass durch das Reich Gottes alles Leiden aufgehoben wird. Jesus verkündet somit seine frohe Botschaft in Worten und Taten.

Sehen ist ein menschliches Grundbedürfnis und daher stellt das Fehlen des Augenlichts eine große Einschränkung menschlicher Möglichkeiten dar. Blindheit und Betteln gehörte in der Zeit von Jesus Wirken zusammen, da ein Blinder kein Geld durch Arbeiten verdienen konnte. Augenkrankheiten, die zur Erblindung führen, wie bei Bartimäus, waren vor allem im Mittelmeerraum verbreitet und auf Mangelernährung und fehlende Hygiene zurückzuführen. Blinde saßen zu jener Zeit oft an den Stadttoren und hofften auf die Großzügigkeit der Festpilger, die zum Almosenverteilen verpflichtet waren.

Die Erzählung des blinden Bartimäus geht auf Zeit Jesu zurück. Sie handelt von einem erblindeten Mann namens Bartimäus, der am Stadttor Jerichos sitzt und bettelt. Als er erfährt, dass Jesus in die Stadt kommt, ruft er nach Jesus ("Jesus hilf mir!"). Dieser hört seine bittenden Rufe und lässt ihn zu sich holen. Bartimäus schildert Jesus seinen Wunsch und mit dem Satz von Jesu:" Dein Glaube hat dich gerettet!" kann Bartimäus wieder sehen. Jesus hat ihn geheilt. Aus Dankbarkeit schließt ihm Bartimäus sich an.

2. Didaktische Überlegungen

2.1. Bezug zum Bildungsplan

Der katholische Religionsunterricht hat die Aufgabe „die Frage nach Gott zu stellen und sie aus der Erfahrung der kirchlichen Glaubenstradition zu erschließen". (vgl. Bildungsplan 2004, S. 32) Außerdem lernen die Schülern dadurch ihre eigene Religion und Traditionen kennen und daher auch Geschichten aus der Bibel. „Der katholische Religionsunterricht will Hilfe zu einem persönlichen Glauben an Jesus Christus geben und zur Nachfolge einladen." (Bildungsplan 2004, S. 34)

Inhaltlich ist die Erzählung des blinden Bartimäus in „Menschen spüren: Jesus schenkt Gottes Liebe" unter „Jesus heilt – Heilung eines Blinden" eingebettet.

2.2. Bedeutung für die Schüler

Vielen Schülern bleibt eine religiöse Erziehung im elterlichen Haushalt mittlerweile verwehrt und wird somit immer mehr gänzlich zum Auftrag der Schule.

Der katholische Religionsunterricht bietet sich den Schülern an und greift die Lebenssituation der Kinder auf und gibt Hilfen, sie aus der Botschaft des christlichen Glaubens zu deuten. Weiterhin erschließt er menschliche Grunderfahrungen wie Ausgeschlossen sein, Vertrauen, Hoffnung, Angst, Not und Krankheit. (vgl. Bildungsplan 2004, S. 32)

Deshalb sind auch die Geschichten des Neuen Testaments von großer Bedeutung für das   Leben und Handeln der Schüler, die sich ein Beispiel am Wirken des Jesus nehmen sollen. Viele Taten von Jesu können auf die heutige Zeit, ja sogar auf jeden einzelnen Menschen übertragen werden

Die Erzählung des blinden Bartimäus soll den Schülern zudem sagen, dass jedem Menschen, sei er noch so arm, krank oder böse, durch und mit dem Glauben geholfen wird. Wichtig ist nur, dass man glaubt und die Hoffnung nicht aufgibt.

3. Zielperspektiven

3.1. Kompetenzen/ Lernziele

Für die Klasse 1 und 2 wird im Hinblick auf die Kompetenzen und Dimensionen des Bildungsplan folgendes gefordert, was für diese Unterrichtsstunde relevant ist:

Dimensionen:

Dimension Jesus Christus:

- Die Schüler können wichtige Stationen aus dem Leben Jesu sowie Geschichten von Jesus nacherzählen und kreativ gestalten

Dimension Mensch sein – Mensch werden:

- Die Schüler können Erfahrungen benennen, dass Gott Menschen trägt und hält.

Dimension Bibel und Tradition:

- Die Schüler kennen aus dem Neuen Testament Erzählungen vom Leben Jesu: Jesus heilt

Dimension Gott:

- Die Schüler haben anhand zentraler biblischer Gestalten gelernt: Wir können im Vertrauen auf Gott unseren Weg gehen.

Kompetenzen:

Fachkompetenz:

- Aneignung von Grundwissen
- Sachgemäßes Umgehen mit Überlieferungen (Hermeneutische Kompetenz)
- Lebensrelevanz biblischer Texte
- Neue Sichtweisen (Deutungen) des Bibeltextes

Personale Kompetenz:

- Sinnesschulung

Soziale Kompetenz:

- Empathiefähigkeit

Methodenkompetenz:

- Sinngehalt von Äußerungen früherer Generationen und heutiger Menschen zu erfassen (hermeneutische Kompetenz)
- religiöser Sprache, ihre Bilder, Symbole und Begriffe verstehen
- ganzheitlicher Umgang mit religiöser Sprache

Lernziele

Stundenziel:

Die Schüler lernen die (Heils-) Geschichte von Jesus und dem blinden Bartimäus kennen und verstehen

Teilziele:

Die Schüler

- erfahren wie es ist blind zu sein → Sehen als wichtige Gabe zu schätzen
- entdecken was sie als Blinde alles nicht (mehr) sehen könnten
- lernen eine Wunderheilung des Jesus kennen
- lernen Menschen kennen, die Jesus nachfolgen
- lernen Jesus als Menschen kennen, der niemand von sich weist und vor allem den Kranken und Armen hilft → Reich Gottes für alle Menschen

4. Methodische Umsetzung

Die Stunde beginnt mit dem von mir übernommenem Ritual, bei dem ein Lied gesungen wird. Danach bitte ich die Kinder in den Stuhlkreis, weil dieser eine geeignete Atmosphäre schafft, um im Folgenden kleine Übungen zum Sehen und Blindsein durchzuführen. Zuerst handelt es sich um eine kurze Fantasie-übung, bei der die Kinder die Augen geschlossen haben und totale Stille herrscht. Die Lehrerin bietet den Schülern Assoziationen dar, die mit Dunkel-heit und Nacht zu tun haben. Im nächsten Schritt sollen sich die Kinder nun vorstellen, was sie nicht mehr sehen können, später sollen sie diese Dinge (zum Beispiel: Blumen, Tiere, Farben, Menschen, Autos uvm.) auch verbalisieren. Als Zweite folgt eine Übung zum Sehen: Es liegen verschiedene Gegenstände im Kreis, die sich die Kinder genau angucken. Danach schließen sie die Augen und die Lehrerin entfernt einen Gegenstand aus dem Kreis. Die Schüler sollen ent-decken welcher Gegenstand fehlt. Bei dieser Übung soll bewusst gemacht wer-den, dass Sehen eine wichtige Gabe ist, aber man manchmal Dinge übersieht.

Danach folgt der Übergang zur Erzählung des blinden Bartimäus. Die Lehrerin erzählt die Geschichte, unterbricht aber immer wieder und lädt die Kinder zum Mitmachen ein. So sollen sie zum Beispiel den Namen des Bartimäus wiederho-len oder zusammen laut nach Jesus schreien: "Jesus hilf mir!".

Nach der Pause folgt eine kurze Wiederholung der Geschichte in Form eines Quiz, welches zur Visualisierung als Folie an die Wand projiziert ist und die Schüler mündlich beantworten.

Nach dem Quiz dankt die Lehrerin Gott in einem Gebet, dass Bartimäus wieder sehen kann und dass „wir" sehen können/dürfen. Die Schüler dürfen in einem kurzen Dankessatz ergänzen: „Gott ich danke dir, dass ich …. sehen darf."

Die Schüler gehen zurück an ihre Tische, um dort ein Arbeitsblatt zu bearbei-ten. Es handelt sich dabei um eine Abbildung eines Holzschnittes des geheilten Bartimäus. Die Schüler sollen um den Mann herum malen, was er jetzt alles wieder sehen kann (Blumen, Jesus, Häuser uvm.).

Zum Schluss der Stunde erhalten die Schüler ein weiteres Arbeitsblatt, welches die Erzählung des Bartimäus in Bild- und Schriftform enthält. Dieses Arbeitsblatt habe ich gewählt, damit sich die Erzählung bei den Schülern festigt und diese auch zu einem späteren Zeitpunkt vorhanden wäre. Hierbei differenziere ich zwischen Erst- und Zweitklässlern. Die Schüler der

1. Klasse haben die Bildergeschichte mit dem Text direkt unter den Bildern und sollen die Bilder in die richtige Reihenfolge bringen. Die Zweitklässler dagegen sollen die geeigneten Textpassagen den Bildern zuordnen, welche aber bereits in der richtigen Reihenfolge sind. Alle Schüler schneiden die Bilder aus, kleben sie in ihr Heft und malen die Bilder an.

5. Literaturangaben

- *Bildungsplan 2004 für die Grundschule.* Ministerium für Kultus, Jugend und Sport Baden- Württemberg
- Barbara Ort, Ludwig Rendle (2006). *fragen- suchen- entdecken. Religion in der Grundschule.* München: Kösel-Verlag und Donauwörth: Auer Verlag GmbH

- Blechschmidt, M. (1989). Heut muss ich noch in deinem Haus zu Gast sein; in Kommunionkurs für Kinder und Gemeinde, 2.TeilKatechesen: Landshut

- Religionspädagogische Praxis. Handreichungen für eine elementare Religionspädagogik Heft I (1981) und Heft H (1984)

Anhang

a. Jesus kommt mit seinen Jüngern in die Stadt Jericho
b. Jesus kommt mit seinen Jüngern in die Stadt Jerusalem
c. Jesus kommt mit seinen Jüngern in die Stadt Betlehem

   a. Am Straßenrand sitzt ein Schlangenbeschwörer
   b. Am Straßenrand sitzt ein Bettler
   c. Am Straßenrand sitzt ein Korbflechter

a. Der Mann heißt Matthäus
b. Der Mann heißt Samuel
c. Der Mann heißt Bartimäus

   a. Der Mann ist blind (kann nicht sehen)
   b. Der Mann ist stumm (Kann nicht sprechen)
   c. Der Mann ist (Kann nicht hören)

a. Bartimäus arbeitet als Schuhputzer
b. Bartimäus arbeitet als Straßenmusiker
c. Bartimäus kann nicht arbeiten, weil er blind ist. Er muss betteln

Bartimäus hört Jesus kommen und bittet ihn um Hilfe.
   a. Jesus bleibt stehen und lässt ihn zu sich rufen.
   b. Jesus geht einfach weiter und tut so, als habe er nichts gehört.
   c. Jesus sagt, er habe leider keine Zeit, um dem Mann zu helfen.

9

abJesus hilft Bartimäus, indem…..

a. Er Geldmünzen spendet.
b. Er ihn von seiner Blindheit erlöst und ihn heilt.
c. Er ihm für den Tag etwas zu essen gibt.

Was macht Bartimäus nachdem er wieder sehen kann?

BEI GRIN MACHT SICH IHR WISSEN BEZAHLT

- Wir veröffentlichen Ihre Hausarbeit, Bachelor- und Masterarbeit

- Ihr eigenes eBook und Buch - weltweit in allen wichtigen Shops

- Verdienen Sie an jedem Verkauf

Jetzt bei www.GRIN.com hochladen und kostenlos publizieren